Mina vive en Seúl

por Kim Borland

Scott Foresman
is an imprint of
PEARSON

Glenview, Illinois • Boston, Massachusetts • Chandler, Arizona
Upper Saddle River, New Jersey

Every effort has been made to secure permission and provide appropriate credit for photographic material. The publisher deeply regrets any omission and pledges to correct errors called to its attention in subsequent editions.

Unless otherwise acknowledged, all photographs are the property of Pearson.

Photo locations denoted as follows: Top (T), Center (C), Bottom (B), Left (L), Right (R), Background (Bkgd)

Opener (TL) ©Charles & Josette Lenars/Corbis; Opener (BR) ©Paul Hurd/Stone/Getty Images; 1 ©Michael S. Yamashita/Corbis; 3 ©Charles & Josette Lenars/Corbis; 4 ©Jose Fuste Raga/Corbis; 6 Getty Images; 7 ©Paul Hurd/Stone/Getty Images; 8 ©Michael S. Yamashita/Corbis; 9 ©Bohemian Nomad Picturemakers/Corbis; 10 ©Michael S. Yamashita/Corbis; 11 ©Chung Sung-Jun/Getty Images; 12 ©Ronnie Kaufman/Corbis

ISBN 13: 978-0-328-53417-3
ISBN 10: 0-328-53417-X

2 3 4 5 6 7 8 9 10 V0N4 13 12 11 10

¡Hola! Me llamo Mina. Tengo siete años. Soy de Corea del Sur. Vivo en Seúl, una ciudad grande. Te voy a escribir una carta sobre mi vida en mi ciudad.

En la Península de Corea hay dos países: Corea del Norte y Corea del Sur.

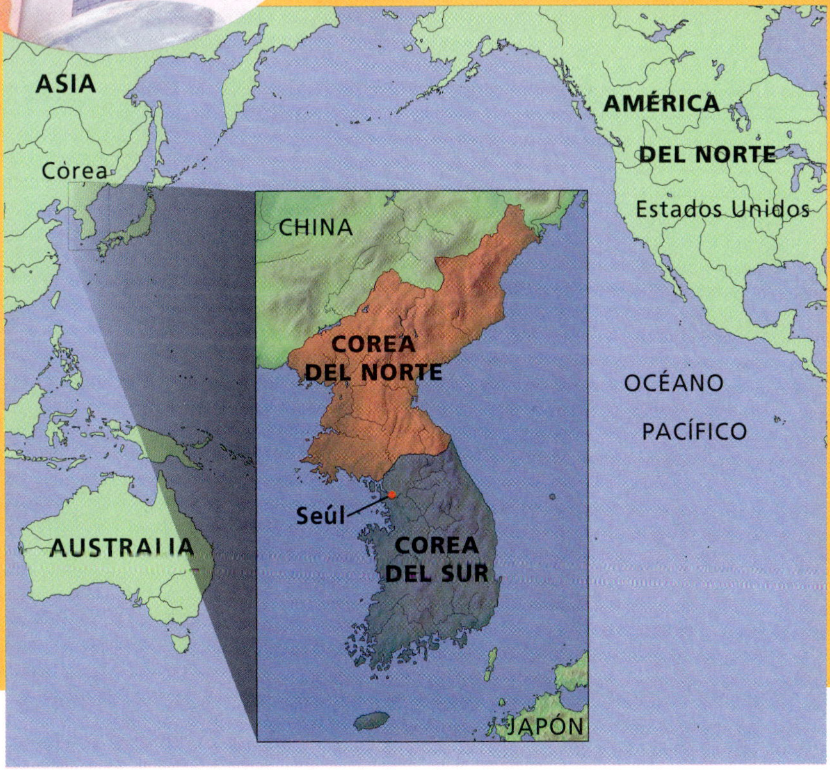

Me gusta vivir en Seúl. Tiene muchas cosas modernas y antiguas. Hay edificios altos, blancos y nuevos. También hay construcciones muy viejas.

El verano es caluroso. El invierno es largo y frío. Los meses de junio, julio y agosto forman nuestra estación lluviosa. ¡A veces llueve todos los días durante un mes!

Yo vivo con mi abuelo, mi abuela, mis padres, mis dos hermanos y mi hermanita.

A mi familia le gusta jugar *yut*. Es nuestro juego preferido.

Para jugar *yut*, tiras palillos al aire. El resultado depende de cómo caigan.

En el juego de *yut* cada palillo tiene un lado liso y otro áspero.

Mis amigos y yo caminamos hacia la escuela juntos. Nos acompañamos porque la escuela queda lejos.

Cada mañana, el director o la directora comparte noticias importantes con todos los estudiantes en una reunión en el patio de la escuela. Luego nosotros hacemos una reverencia amable para agradecer al director y nos vamos a clase, pero sin correr.

Cuando llegamos a la escuela, vamos hacia el patio de recreo. Allí tenemos una reunión por la mañana.

Después de clases, los estudiantes nos quedamos en la escuela y ayudamos con la limpieza. Desocupamos los basureros, barremos los pisos y lavamos los pizarrones.

En Corea, los niños también van
a la escuela los sábados por la mañana.

Me encantaría mostrarles el Palacio de la Felicidad Radiante. ¡Creo que es el lugar más hermoso del mundo! Los visitantes aprenden acerca de los reyes y reinas del pasado.

Hace mucho tiempo, el palacio era el hogar de la familia real coreana.

Los fines de semana el palacio se llena de gente. Algunos vienen de muy lejos.

Muchos visitantes quieren tomar fotos del agradable jardín antes de irse. En el verano es un lugar fresco.

Hace tiempo, el Palacio de la Felicidad Radiante estaba formado por casi 500 edificios.

Una de las celebraciones más importantes en Corea es el día de Año Nuevo.

Ese día visitamos a nuestros amigos y familiares. Entre todos hacemos papalotes. A veces hay globos.

En Corea, parte de la celebración del Año Nuevo es hacer y volar o izar papalotes.

La parte que yo prefiero de la fiesta es izar los papalotes. Mientras los papalotes vuelan en lo alto del cielo, todos deseamos que en el nuevo año se cumplan nuestros deseos.

Los papalotes tradicionales coreanos tienen forma de rectángulo. Muchos tienen decoraciones coloridas.